AF175705

Impressum
Verlag: BABADADA GmbH, Nedderfeld 112 , 22529 Hamburg
Geschäftsführer / Verlagsleitung: Harald Hof
Druck: Books on Demand GmbH, In de Tarpen 42, 22848 Norderstedt

Imprint
Publisher: BABADADA GmbH, Nedderfeld 112 , 22529 Hamburg, Germany
Managing Director / Publishing direction: Harald Hof
Print: Books on Demand GmbH, In de Tarpen 42, 22848 Norderstedt, Germany

1

ቤት-ትምህርቲ

escuela

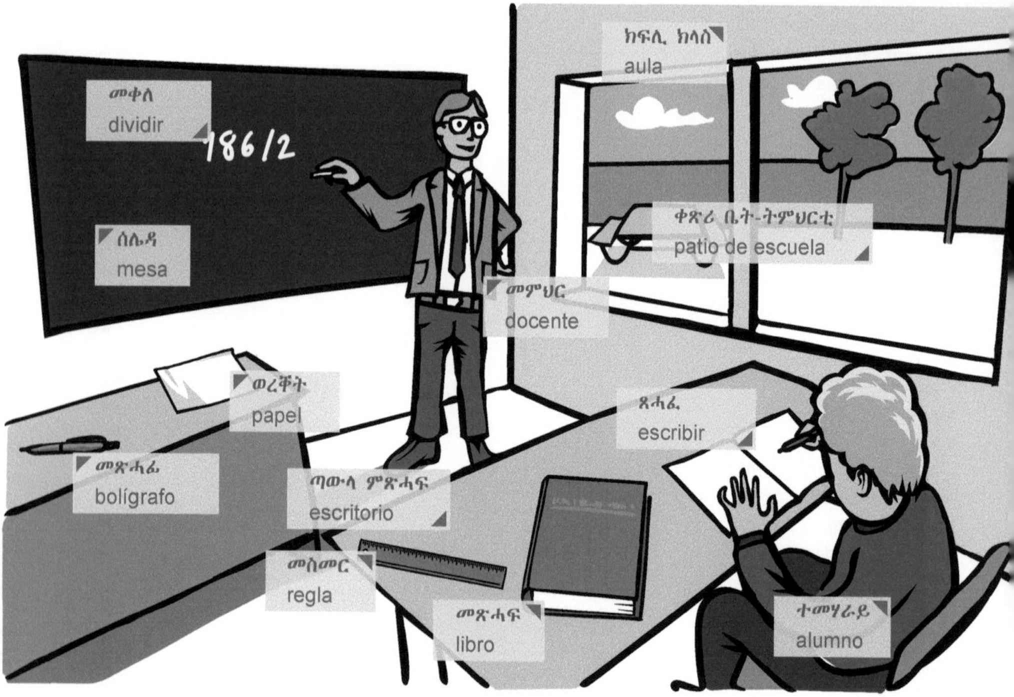

ክፍሊ ክላስ
aula
መቀለ
dividir
186/2
ሰሌዳ
mesa
ቀጽሪ ቤት-ትምህርቲ
patio de escuela
መምህር
docente
ወረቐት
papel
ጸሓፈ
escribir
መጽሓፊ
bolígrafo
ጣውላ ምጽሓፍ
escritorio
መስመር
regla
መጽሓፍ
libro
ተመሃራይ
alumno

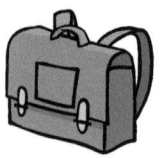

ሳንጣ ትምህርቲ

mochila escolar

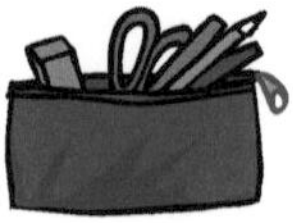

ሰፈር ብርዒ

caja de lápices

ርሳስ

lápiz

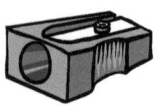

መብልሒ ርሳስ

sacapuntas

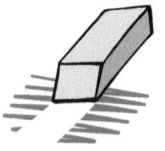

መደምሰሲ

goma de borrar

ጥራዝ ስእሊ

bloc de dibujo

ስእሊ
dibujo

ብርሺ ቀለም
pincel

ቦክስ ቀለም
caja de pinturas

መቐስ
tijera

መጣበቒ
pegamento

ጥራዝ መለመዲ
libro de ejercicios

ዕዮ ገዛ
tarea

12

ቁጽሪ
número

2+2

ወሲኽ
sumar

5-2

ጎደለ
restar

2×2

ረብሐ
multiplicar

ደመረ
calcular

A

ፊደል
letra

ABCDEFG
HIJKLMN
OPQRSTU
VWXYZ

ስርዓት ፊደላት
alfabeto

hello

ቃል
palabra

ጽሑፍ

texto

አንበበ

leer

ኩርሽ

tiza

ሰዓት

lección

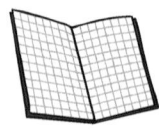

መዝገብ ክላስ

libro de clase

መርመራ

examen

ሰርቲፊከት

certificado

ድቢዛ ቤትትምህርቲ

uniforme escolar

ትምህርቲ

educación

ለክስኮን

enciclopedia

ዩኒቨርሲቲ

universidad

ሚክሮስኮፕ

microscopio

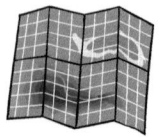

ካርታ

mapa

ጎሓፍ ወረቓት

cesto de papeles

መገሻ

viaje

መቐበሊ ኣጋይሽ
hotel
Grand
ሆስተል
albergue
ROOMS
EXCHANGE
ቦታ ቅያር ገንዘብ
casa de cambio
ባሊጃ
maleta
መኪና
auto

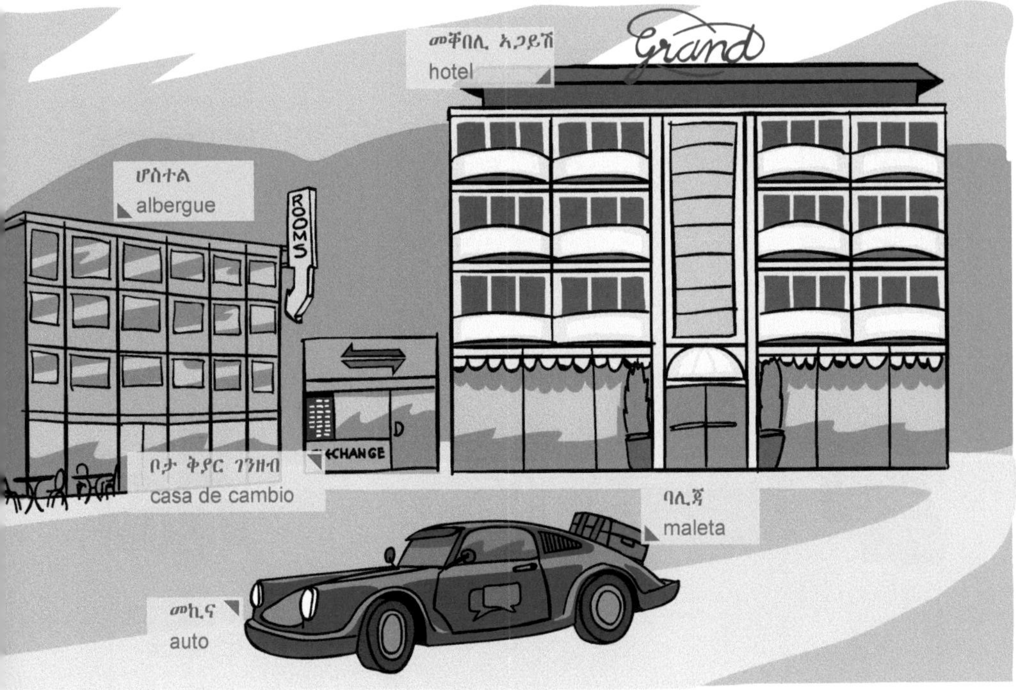

ቋንቋ
....
idioma

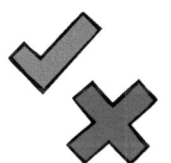

እወ / ኖ
....
sí / no

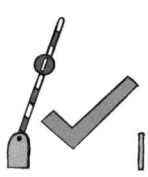

ሕራይ
....
ok

ሰላም
....
hola

ኣስተርጓሚ
....
intérprete

የቐንየለይ
....
gracias

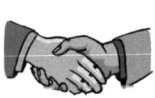

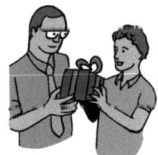

. . . ክንደይ ዋግኡ?

¿Cuánto cuesta...?

አይተረድአኹን

No entiendo

ሽግር

problema

ሰላም ምሸት!

¡Buenas tardes!

ከመይ ሓዲርካ

¡Buenos días!

ሰላም ለይቲ

¡Buenas noches!

ደሓን ኩን

adiós

አንፈት

dirección

ጉዓዝ

equipaje

ሳንጣ

bolso

ሳንጣ ሕቆ

mochila

ጋሻ

invitado

ክፍሊ

cuarto

ክሻ መደቀሲ

saco de dormir

ቴንዳ

tienda de campaña

ሓበሬታ በጻሕቲ ሃገር

información al turista

ገምገም ባሕሪ

playa

ክሬዲት ካርድ

tarjeta de crédito

ቁርሲ

desayuno

ምሳሕ

almuerzo

ድራር

cena

ቲከት

pasaje

ሊፍት

ascensor

ማሕተም ደብዳበ

sello

ዶብ

límite

ድንና

aduana

አምባሲ

embajada

ቪዛ

visa

ፓስፖርት

pasaporte

transporte

ነፋሪት
avión

መርከብ
barco

መኪና መጥፍኢ ሓዊ
coche de bomberos

ናይ ጽዕነት መኪና
camión

ኣውቶቡስ
bus

ጃልባ ሞቶር
lancha a motor

መኪና
auto

ብሽግለታ
bicicleta

ፈሪ
balsa

ጃልባ
lancha

ሞቶ
motocicleta

መኪና ፖሊስ
auto de policía

መኪና ቅድድም
auto de carreras

ክራይ መኪና
auto de alquiler

ምውፋይ መካይን

alquiler de autos

መወሰዲ መኪና

grúa

መኪና ጎሓፍ

vehículo recolector de basura

ሞቶር

motor

ነዳዲ

gasolina

እንዳ ነዳዲ

gasolinera

ምልክት ትራፊክ

señal de tráfico

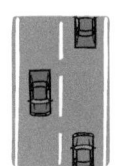

ትራፊክ

tránsito

ምጭቅጫቅ ትራፊክ

atasco

መዕሸጊ መኪና

estacionamiento

መዕረፊ ባቡር

estación de tren

ሓዲግ

carril

ባቡር

tren

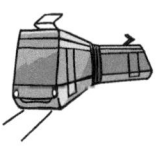

ትረም

tranvía

ባጎኒ

vagón

ሄሊኮፕተር

helicóptero

መዓረፈ ነፈርቲ

aeropuerto

ታወር

torre

ተጓዢ

pasajero

ኮንተይነር

contenedor

ሳንዱቅ ካርቶን

caja de cartón

ኮርሳ ጽዕነት

carro

ዘንቢል

cesta

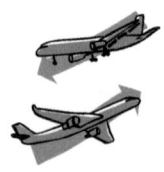

ተበገሰ / ዓለበ

despegar / aterrizar

ከተማ

ciudad

ቀላሸት

aldea

ማእከል ከተማ

centro de la ciudad

ገዛ

casa

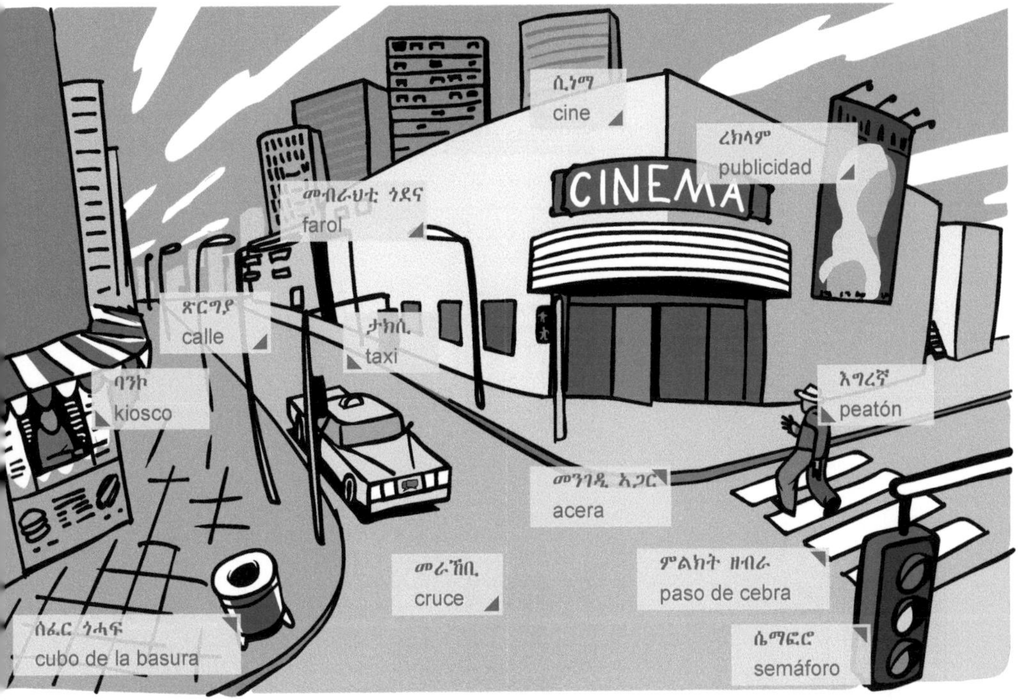

ሲነማ
cine

ረክላም
publicidad

CINEMA

መብራ ህቲ ጎደና
farol

ጽርግያ
calle

ታክሲ
taxi

ባንኮ
kiosco

እግረኛ
peatón

መንገዲ እግሪ
acera

መራኸቢ
cruce

ምልክት ዘብራ
paso de cebra

ሰፈር ጎሓፍ
cubo de la basura

ሴማፎር
semáforo

አጉዶ
....
cabaña

አፓርትመንት
....
apartamento

መዕረፊ ባቡር
....
estación de tren

ቤት ምምሕዳር
....
ayuntamiento

ቤተ መዘክር
....
museo

ቤት-ትምህርቲ
....
escuela

ዩኒቨርሲቲ

universidad

ባንክ

banco

ሆስፒታል

hospital

መቆበሊ አጋይሽ

hotel

ቤት መድሃኒት

farmacia

ቤት ጽሕፈት

oficina

ዱኳን መጽሓፍቲ

librería

ዱኳን

negocio

ዱኳን ዕንባባ

florería

ሱፐርማርክት

supermercado

ዕዳጋ

mercado

ሾቅ

grandes almacenes

ነጋዳይ ዓሳ

pescadería

ሾቅ

centro comercial

መርሳ

puerto

12   ከተማ - ciudad

መዝናግኂ
parque

ባንኪ
banco

ድልድል
puente

መደያይቦ
escalera

ባቡር ትሕቲ ምድሪ
metro

ቢንቶ
túnel

መዕረፊ ኣውቶቡስ
parada de autobuses

ቤት መስተ
bar

ቤት-መግቢ
restaurante

ሳታሪት
buzón de correo

ታቢላ
letrero

ሰዓት ፓርኪንግ
parquímetro

መካነ እንስሳታት
zoológico

መሓምበሲ
piscina

መስጊድ
mezquita

ቤት ሕርሻ
....
granja

ብክላ
....
polución

መቓበር
....
cementerio

ቤተክርስትያን
....
iglesia

ቦታ ምጽዋት
....
parque infantil

ቤት መቕደስ
....
templo

ስእሊ መሬት

paisaje

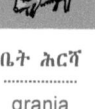

አቝጽልቲ
hoja

መሕበሪ መገዲ
indicador de camino

መገዲ
sendero

ሸኻ
pradera

እምኒ
piedra

ኮብላሊ
caminante

አግራብ
árbol

ፈለግ
río

ሰዓሪ
pasto

ዕንባባ
flor

ስንጭሮ
valle

ጎበ
montaña

ቀላይ
lago

ዱር
bosque

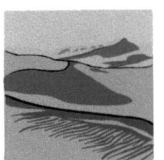

ምድረ በዳ
desierto

እሳተ-ጎመራ
volcán

ግምቢ
castillo

ቀስተ-ደመና
arco iris

ቃንጥሻ
seta

ዓርኮብኮባይ
palmera

ጣንጡ
mosquito

ሃመማ
mosca

ጻጻ
hormiga

ንህቢ
abeja

ላሬት
araña

ስእሊ መሬት - paisaje

15

ሕንዚዝ

escarabajo

ዕንቅርያብ

rana

ምጽጹላይ

ardilla

ቅንፍዝ

erizo

ማንቲለ

liebre

ጉንጎ

lechuza

ጭሩ

pájaro

ስዋን

cisne

መፍለስ

jabalí

ዓጋዘን

ciervo

ሙስ

alce

ግድብ

embalse

ተርባይን ንፋስ

aerogenerador

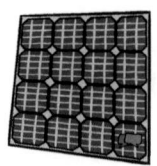

ሶላር ስርሓት

módulo solar

ኩነታት ኣየር

clima

ቤት-መግቢ

restaurante

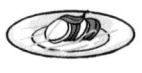

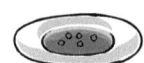

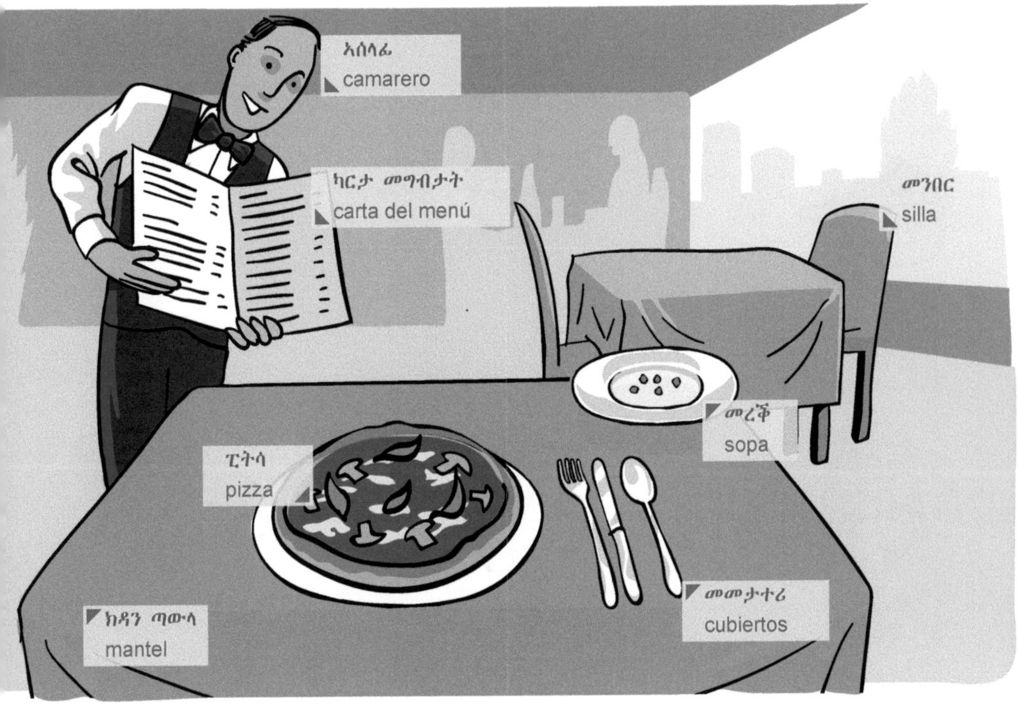
ኣሰላፊ
camarero
ካርታ መግብታት
carta del menú
መንበር
silla
መረቕ
sopa
ፒትሳ
pizza
መመታተሪ
cubiertos
ክዳን ጣውላ
mantel

ቅድመ ቀንዲ መግቢ

....

entrada

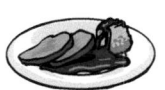

ቀንዲ መኣዲ

....

plato principal

ድሕረ መግቢ

....

postre

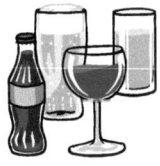

መስተ

....

bebida

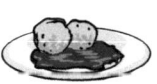

መግቢ

....

comida

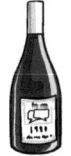

ጥርሙዝ

....

botella

ስሉጥ መግቢ

comida rápida

መግቢ ጽርግያ

comida callejera

ብርጭቆ ሻሂ

tetera

ታኒካ ሽኮር

azucarera

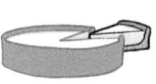

ክፋል

porción

ማሺን ኤስፕረሶ

máquina de espresso

ነዊሕ መንበር

silla alta

ጸብጻብ

factura

ታብለት

bandeja

ካራ

cuchillo

ፋርከታ

tenedor

ማንካ

cuchara

ማንካ ሻሂ

cuchara de té

ሰርቪየተ

servilleta

ብኬሪ

vaso

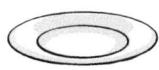

ሸሓኒ
plato

ሸሓኒ መረቕ
plato de sopa

ትሕቲ ኩባያ
platillo

ጸብሒ
salsa

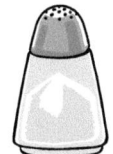

ወሃቢ ጨው
salero

መጥሓን በርበረ
molinillo para pimienta

አቾቶ
vinagre

ዘይቲ
aceite

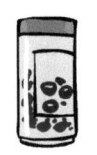

ቀመም
especias

ከቾፕ
ketchup

አድሪ
mostaza

ማዮነዝ
mayonesa

ሱፐርማርክት

supermercado

ወፈያ
oferta
FOR
ዓሚል
cliente
ፍርያታት ጸባ
productos lácteos
ፍረታት
fruta
ሰረገላ ዱኳን
carrito de compras

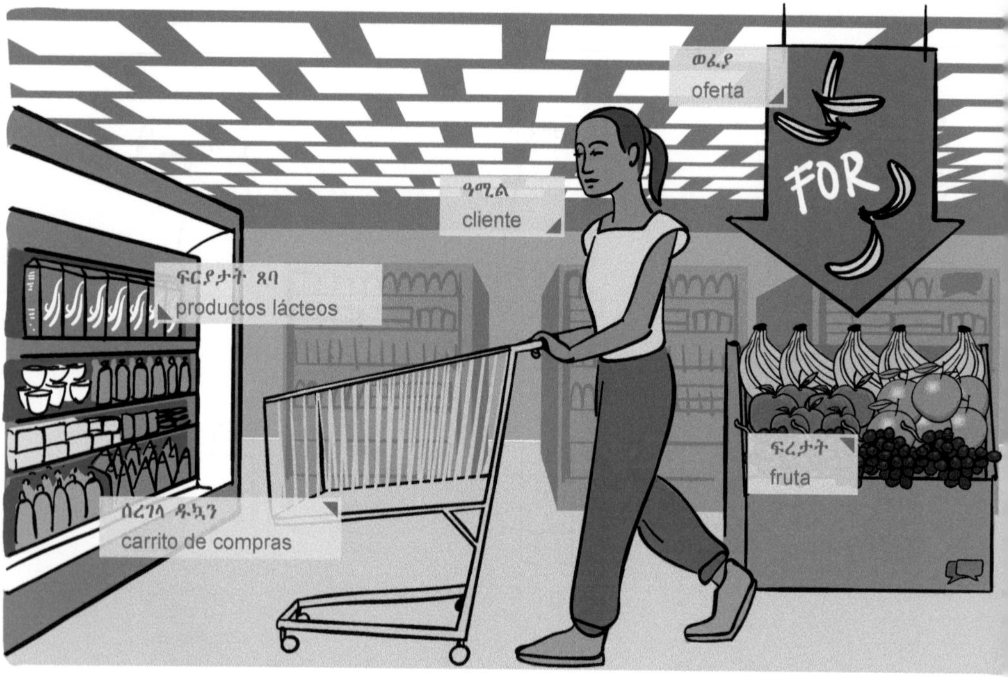

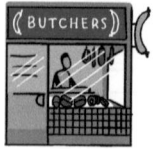

BUTCHERS

እንዳ ስጋ

carnicería

BAKERY

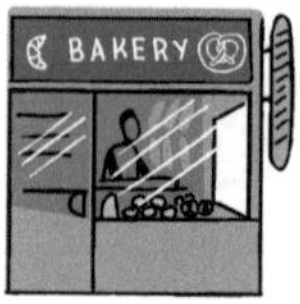

እንዳ ባኒ

panadería

ክብደት

pesar

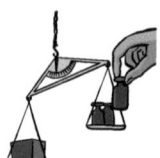

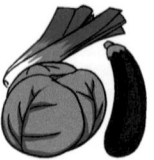

ኣሕምልቲ

verdura

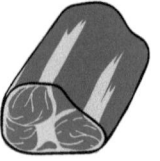

ስጋ

carne

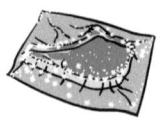

መግቢ ፍሪጅ በረድ

alimentos congelados

ዝሑል ቅሩብ መግቢ
fiambre

እስቃጥላ
conservas

አሞ
detergente en polvo

ምቁር መግቢ
dulces

ዘቤታውያን ኣቑሑ
artículos domésticos

ናውቲ መጽረዪ
productos de limpieza

ሸቃጣይ
vendedora

ካሳ
caja

ተሓዚ ገንዘብ
cajero

ዝርዝር ምግዛእ
lista de compras

ክፉት ሰዓታት
horario de atención

ማሕፉዳ
cartera

ክረዲት ካርድ
tarjeta de crédito

ሳንጣ
maleta

ፌስታል
bolsa plástica

ማይ

agua

ጭማቂ

jugo

ጸባ

leche

ኮላ

refresco de cola

ነቢት

vino

ቢራ

cerveza

አልኮል

alcohol

ካካው

cacao

ሻሂ

té

ቡን

café

ኤስፕረሶ

espresso

ካፑቺኖ

cappuccino

ባናና

banana

ቱፋሕ

manzana

አራንሺ

naranja

ብርጭቆ

sandía

ለሚን

limón

ካሮት

zanahoria

ጻዕዳ ሽጉርቲ

ajo

ባምቡስ

bambú

ሽጉርቲ

cebolla

ቅንጥሻ

seta

ፉል

nueces

ፓስታ

fideos

ስፓጌቲ

espagueti

ሩዝ

arroz

ሰላጣ

ensalada

ቅልዋ ድንሽ

patatas fritas

ቅሉው ድንሽ

patatas salteadas

ፒትሳ

pizza

ሃምቡርገር

hamburguesa

ፓኒኖ

sándwich

ቢስተካ

escalope

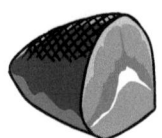

ሰለፍ ሓሰማ

jamón

ሳላሚ

salame

ግዕዝም

embutido

ደርሆ

pollo

ቀለወ

asado

ዓሳ

pescado

ገዓት
copos de avena

ሙስሊ
musli

ኮርንፍለይክስ
copos de maíz tostado

ሓርጭ
harina

ክሮሶን
croissant

ባኒ
panecillo

ባኒ
pan

ቶስት
tostada

ብሽኮቲ
galletas

ጠስሚ
mantequilla

ርጎእ
cuajada

ፓስተ
pastel

እንቋቍሖ
huevo

ቅሉው እንቋቍሖ
huevo frito

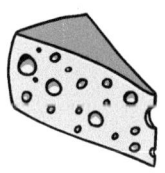

ፋርማጆ
queso

አይስ ክሪም
....
helado

ሽኮር
....
azúcar

መዓር
....
miel

ጀም
....
mermelada

ኑጋት-ክሪም
....
praliné

ኩሪ
....
curry

ቤት ሕርሻ

granja

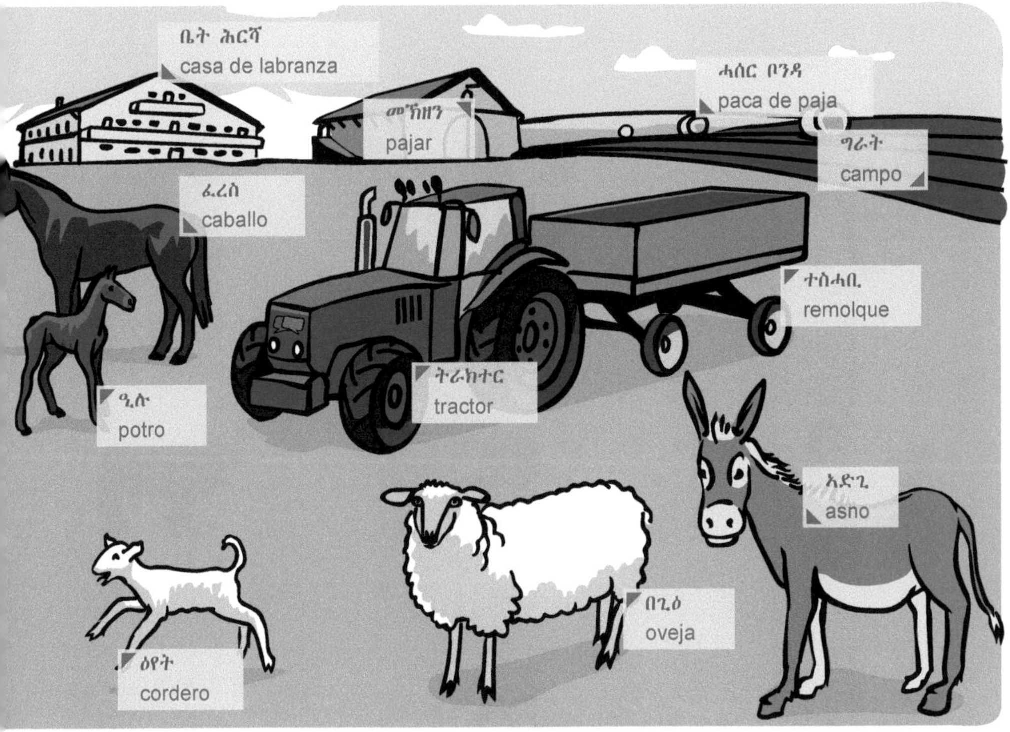
ቤት ሕርሻ
casa de labranza
መኽዘን
pajar
ሓሰር ቦንዳ
paca de paja
ግራት
campo
ፈረስ
caballo
ተስሓቢ
remolque
ትራክተር
tractor
ዒሉ
potro
ኣድጊ
asno
በጊዕ
oveja
ዕየት
cordero

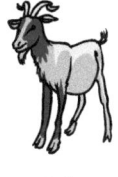

ጤል

cabra

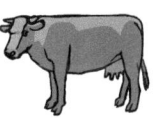

ብዕራይ

vaca

ምራኽ

ternero

ሓሰማ

cerdo

ውላድ ሓሰማ

lechón

ኣርሓ

toro

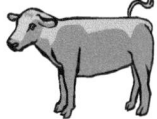

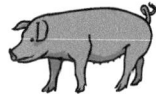

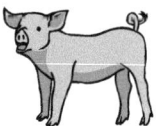

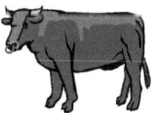

ዓሳ

ganso

ማይ ደርሆ

pato

ጫቑሊት

polluelo

ደርሆ

pollo

ኣርሓ ደርሆ

gallo

ኣንጨዋ ዓባይ

rata

ድሙ

gato

ኣንጭዋ

ratón

ብዕራይ

buey

ከልቢ

perro

ኣጉዶ ከልቢ

caseta del perro

ቱባ ጆርዲን

manguera de riego

መዝፈፊ ማይ

regadera

ዓቢ ማዕጺድ

guadaña

ማሕረሻ

arado

ማዕጺ.ድ

hoz

ጯ‘ኳሮ

azada

መስአ

bieldo

ፋስ

hacha

ዓረብያ ኢ.ድ

carretilla

ጋብላ

abrevadero

ብርጭቆ ጸባ

lechera

ክሻ

saco

ሓጹ-ር

cerca

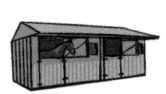

መንሰስ

establo

ቆጠልያ ገዛ

invernadero

ባይታ

suelo

ዘርኢ.

semilla

ድ‘ኹ-ዒ.

fertilizante

ዘጣምር ቀውዓይ

cosechadora

ቀውዐ

cosechar

ጸማ

cosecha

ድንሽ ያም

raíz de ñame

ስርናይ

trigo

ሶያ

soja

ድንሽ

patata

ዕፉን

maíz

ራፕስ

colza

ገረብ ፍረታት

Árbol frutal

ማኒኦክ

mandioca

አእኻል

cereales

casa

መውጽእ ትኪ
chimenea

ናሕሲ
techo

መውሓዝ ዝናብ
canalón

መስኮት
ventana

ጋራጅ
garaje

ጭር መበሊት
timbre

ማዕጾ
puerta

ጎሓፍ መገለል
cubo de la basura

ቦክስ ደብዳበ
buzón de correo

ጀርዲን
jardín

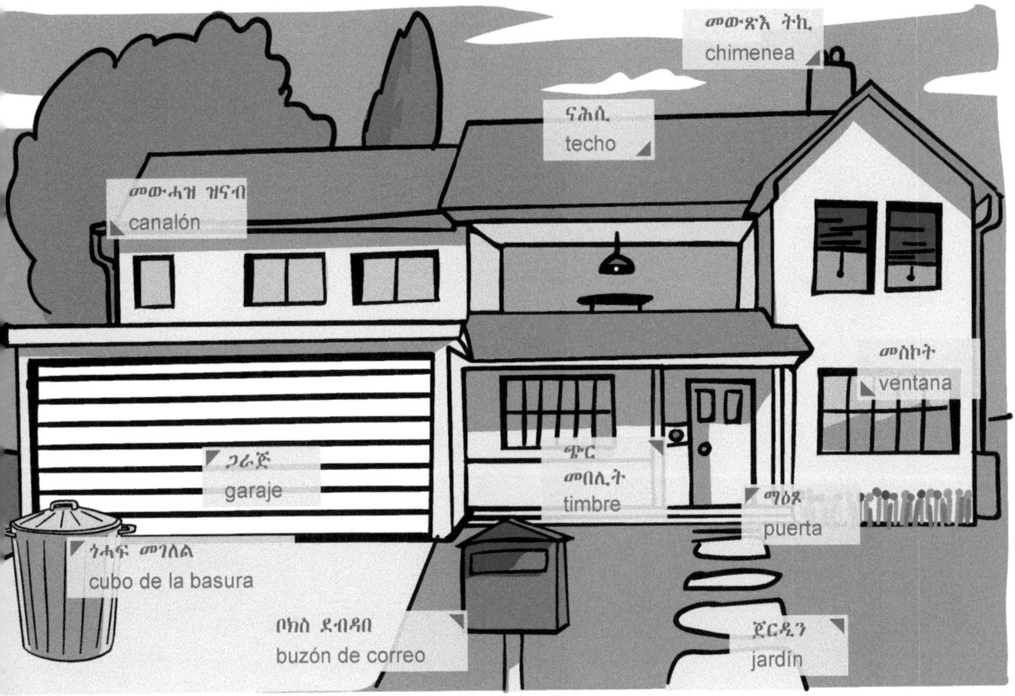

ክፍሊ ምቕማጥ
cuarto de estar

ክፍሊ ባንዮ
cuarto de baño

ክሽን
cocina

ክፍሊ መደቀሲ
dormitorio

ክፍሊ ቆልዑ
cuarto de los niños

መመገቢ ክፍሊ
comedor

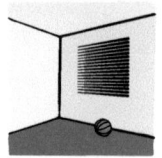

ባይታ

piso

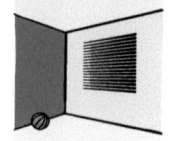

መንደቕ

pared

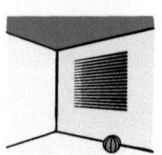

ከቦርታ

cielorraso

ካንቲና

sótano

ሳውና

sauna

ባልኮን

balcón

ዛላ

terraza

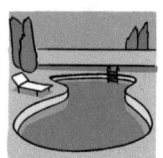

መሕምበሲ

piscina

መቝረጺ ሳዕሪ

cortacésped

አንሶላ ዓራት

funda nórdica

ከቦርታ ዓራት

edredón

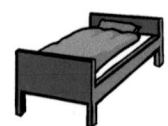

ዓራት

cama

መኾስተር

escoba

መገለል

cubo

መወልዒት

interruptor

ክፍሊ ምቕማጥ

cuarto de estar

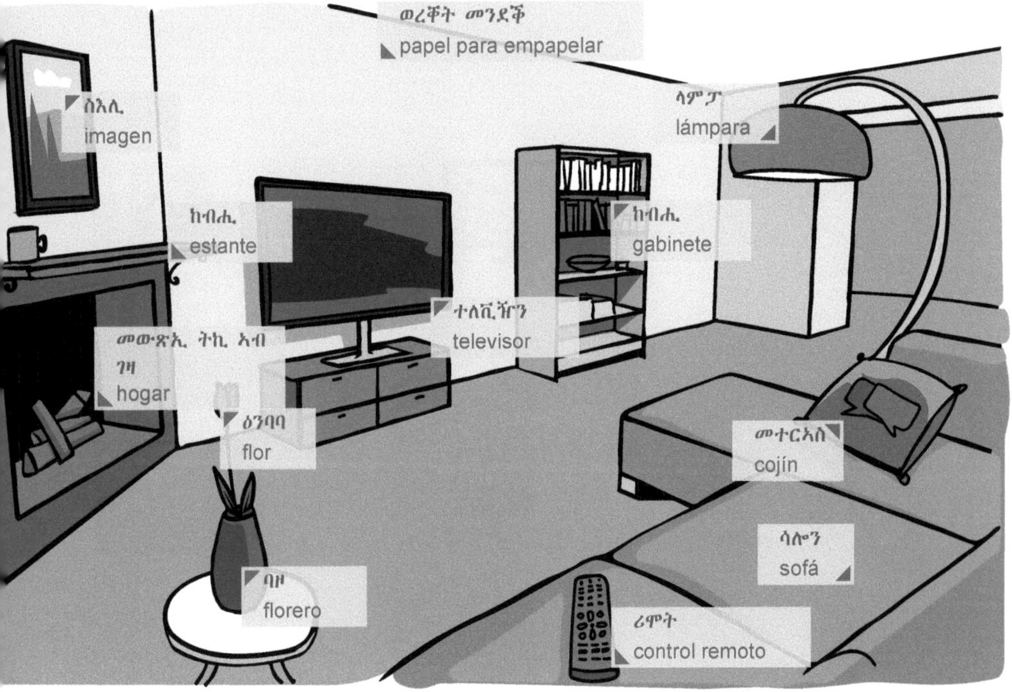
ወረቐት መንደቕ
papel para empapelar
ስእሊ
imagen
ላምፓ
lámpara
ከብሒ
estante
ከብሒ
gabinete
ተለቪዥን
televisor
መውጽኢ ትኪ ኣብ ገዛ
hogar
ዕንባባ
flor
መተርኣስ
cojín
ሳሎን
sofá
ባዞ
florero
ሪሞት
control remoto

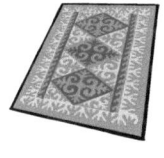

መንጸፍ

alfombra

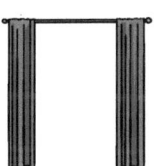

መጋረጃ

cortina

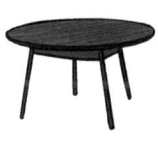

ጣውላ

mesa

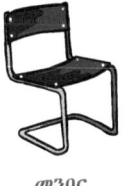

መንበር

silla

ሰለል ዝብል መንበር

mecedora

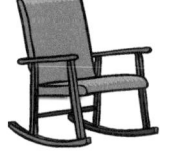

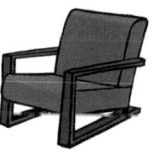

መንበር ምቹእ

sillón

መጽሓፍ

libro

ከበርታ

frazada

ስልማት

decoración

እንጨይቲ ሓዊ

leña

ፊልም

film

ስተረዮ

equipo estereofónico

መፍትሕ

llave

ጋዜጣ

periódico

ቅብኣ

cuadro

ፖስተር

póster

ረድዮ

radio

ጥራዝ

bloc de notas

መልገሲ. ደሮና

aspiradora

በለስ

cactus

ሽምዓ

vela

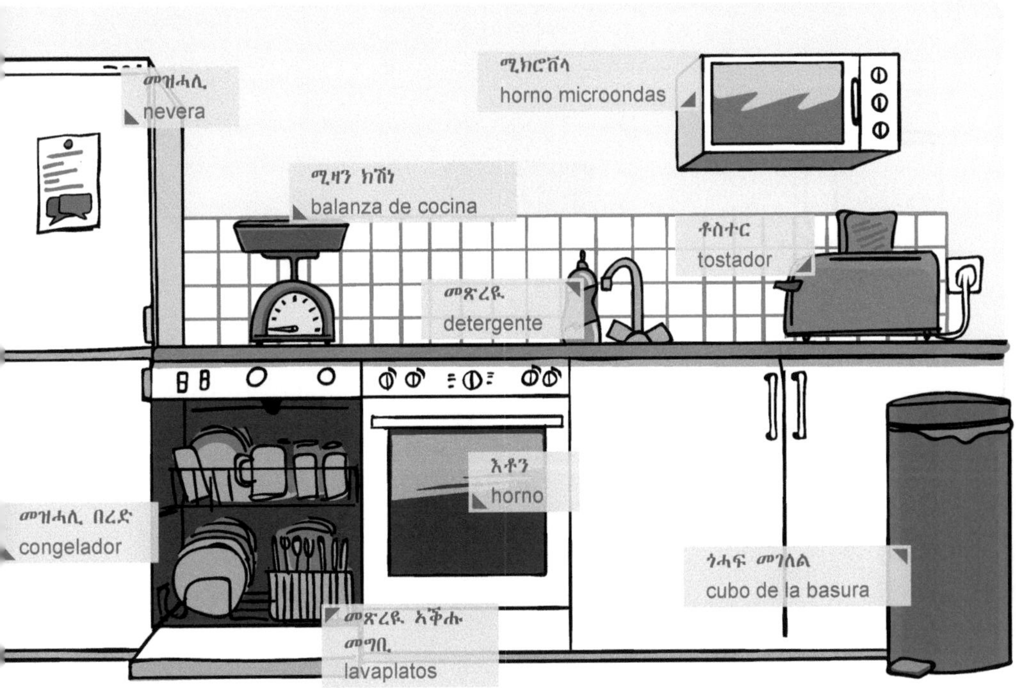

መዝሓሊ
nevera

ሚክሮቭላ
horno microondas

ሚዛን ክሽነ
balanza de cocina

ቶስተር
tostador

መጽረዪ
detergente

መዝሓሊ በረድ
congelador

እቶን
horno

ጓሓፍ መገለል
cubo de la basura

መጽረዪ ኣቕሑ
መግቢ
lavaplatos

መኽሸኒ
cocina

ድስቲ
olla

ድስቲ ሓጺን
olla de fundición de hierro

ቆክ/ካዳይ
wok / kadai

ባደላ
sartén

መውዓዪ ማይ
hervidor de agua

መፍልሒ

olla de vapor

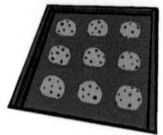

ንቴራ ምስንካት

bandeja de horno

ኣቁሑ መግቢ

vajilla

ብርጭቆ

vaso

ጭሓሎ

bol

ማንካቼና

palillos para comer

ማንካ መረቅ

cucharón de sopa

መገልበጢ ባደላ

espátula

መኽስተር ውርጪ

batidor

መንፈት መግቢ

colador

መንፈት

cedazo

መፋሕፍሒ

rallador

ሞርታር

mortero

ባርቢክዩ

parrillada

ስፍራ ሓዊ

fogata

እንጨይቲ ምም ታር
tabla de picar

እንጨይቲ ኩረር
rodillo

መኽፈት ቡሽ
sacacorchos

ታኒካ
lata

መኽፈቲ ታኒካ
abrelatas

ጨርቂ ድስቲ
agarrador

ቡምባ
fregadero

አስባስላ
cepillo

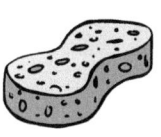

ስፍነግ
esponja

ሓዋሲ አደባላቒ
batidora

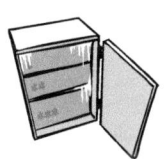

መዝሓሊ በረድ
arcón congelador

ጥርሙዝ ማማይ
biberón

ቡምባ ማይ
grifo

cuarto de baño

መዉዓዪ
calefacción

መሕጸቢ ሻወር
ducha

ሽጎማኖ
toalla

ሻወር መጋረጃ
cortina para ducha

መሕጸቢ ዓፍራ
baño de espuma

ባንዮ መሕጸቢ
bañera

ብኬሪ
vaso

ሓጸቢት
lavadora

ማቶነላ
baldosa

ቡምባ ማይ
grifo

ድስቲ
orinal

ቡምባ
fregadero

ሽቻቅ
....
cuarto de baño

ሽቻቅ ኮፍ
....
placa turca

በዱ
....
bidé

ሽቻቅ ተባዕታይ
....
urinario

ወረቐት ሽቻቅ
....
papel higiénico

አስባስላ ሽቻቅ
....
escobilla para el cuarto de baño

አስባስላ ስኒ

cepillo de dientes

ክረማ ስኒ

pasta dentífrica

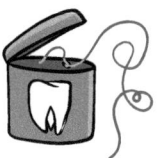

ሃሪ ስኒ

seda dental

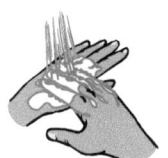

ሓጸብ

lavar

ዱሽ ኢ.ድ

ducha teléfono

ዱሽ

ducha higiénica

ብርጭቆ ምሕጻብ

cuenco

አስባስላ ሕቖ

cepillo para la espalda

ሳምና

jabón

ሻወር ጀል

gel de ducha

ሻምፑ

champú

ጨርቂ መሕጸቢ

manopla para baño

መውሓዚ

desagüe

ክረማ

crema

ደዮ ጨና

desodorante

መስትያት

espejo

ናይ ኪድ መስትያት

espejo de maquillaje

መላጸ

máquina de afeitar

ዓፍራ ምልጻይ

espuma de afeitar

ጨና ድሕሪ ምልጻይ

loción para después del afeitado

መመሸጥ

peine

አስባስለ

cepillo

መንቆጺ ጸግሪ

secador para cabello

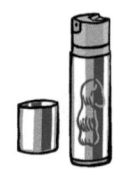

ስፕረይ ጸግሪ

laca de peinado

መመላኽዒ

maquillaje

ብርዒ ቀለም ከንፈር

lápiz labial

አዝማልቶ

laca para uñas

ጸምሪ ጡጥ

algodón

መስደዲ ጽፍሪ

tijera para uñas

ጨና

perfume

ሳንጣ መሕጸቢ.
....
neceser

ድኳ
....
taburete

ሚዛን
....
balanza

ክዳን መሕጸቢ.
....
bata de baño

ጓንቲ መጸረዪ.
....
guantes de goma

ታምጶን
....
tampón

ጨርቂ ሰበይቲ
....
compresa

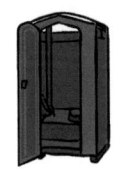

ሽቓቕ ከሚስትሪ
....
wáter químico

ክፍሊ ቆልዑ

cuarto de los niños

አላርም መተስኢ
despertador
መጻወቲ እንስሳ
animal de peluche
መጻወቲ መኪና
auto de juguete
ኳሕኳሕ
መበሊ
sonajero
ቤት ባምቡላ
casa de muñecas
ህያብ
obsequio

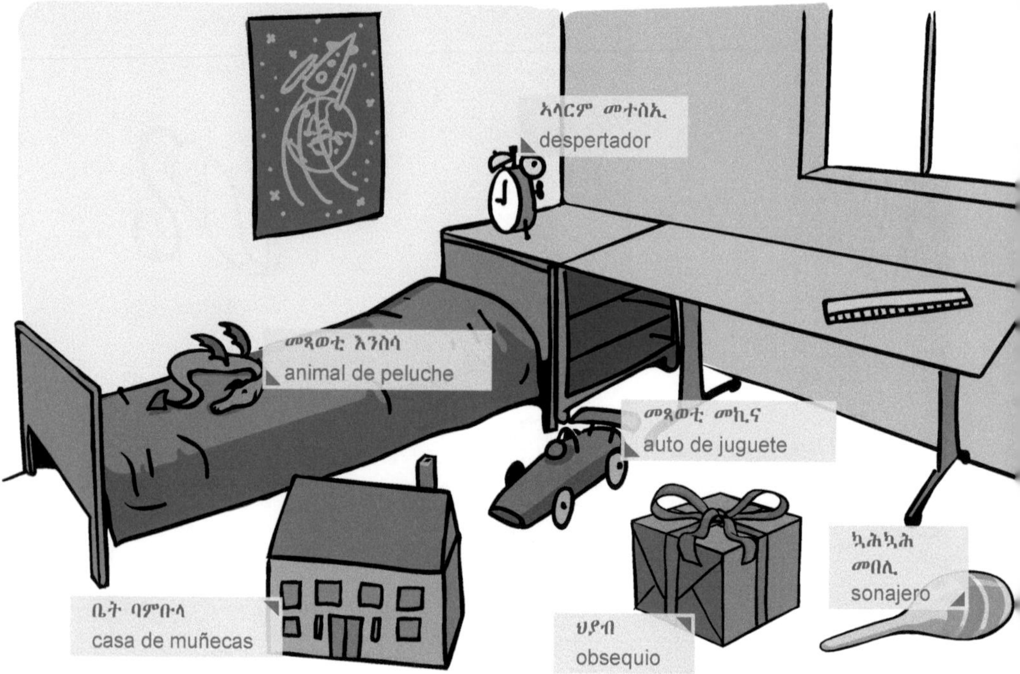

ባላንችና
....
globo

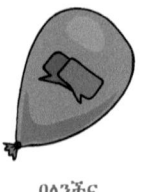

ዓራት
....
cama

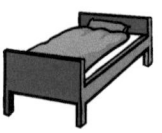

ሰረገላ ህጻን
....
cochecito para niños

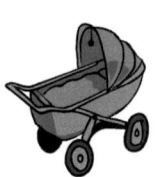

ጸወታ ካርታ
....
juego de barajas

ሕንቅሊተይ
....
rompecabezas

SUPER
MEGA

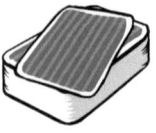

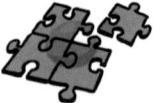

ኮሚዲ
....
cómic

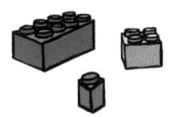

እምንታት መጸወቲ ለጎ

piezas de Lego

መጸወቲ እምንታት

bloques para jugar

በዓል አክቸን

figura de acción

ክዳን ማማይ

pijama de una pieza

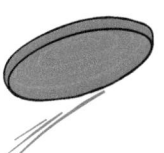

ፍሪስቢ

frisbee

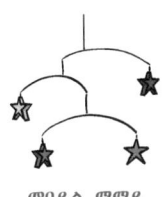

ሞባይል ማማይ

móvil

ጸወታ ሰሌዳ

juego de mesa

ኩቦ

dado

ሞደል ባቡር ምድሪ

tren eléctrico a escala

ዓባስ

chupete

ፓርቲ

fiesta

መጽሓፍ ስእሊ

libro de dibujos

ኩዕሶ

pelota

ባምቡላ

títere

ተጸወተ

jugar

መጻወቲ ሓጻ

arenero

ሰላል

columpio

መጻወቲታት

juguetes

ኮንሶል ቪድዮ

consola de videojuego

መጻወቲ ሰለስተ መንኮርኮር

triciclo

ተዲ

osito de peluche

ከብሒ ክዳን

guardarropa

ክዳን

vestimenta

ካልስታት

calcetines

ነዊሕ ካልስታት

medias

ስረ ካልሲ

panti

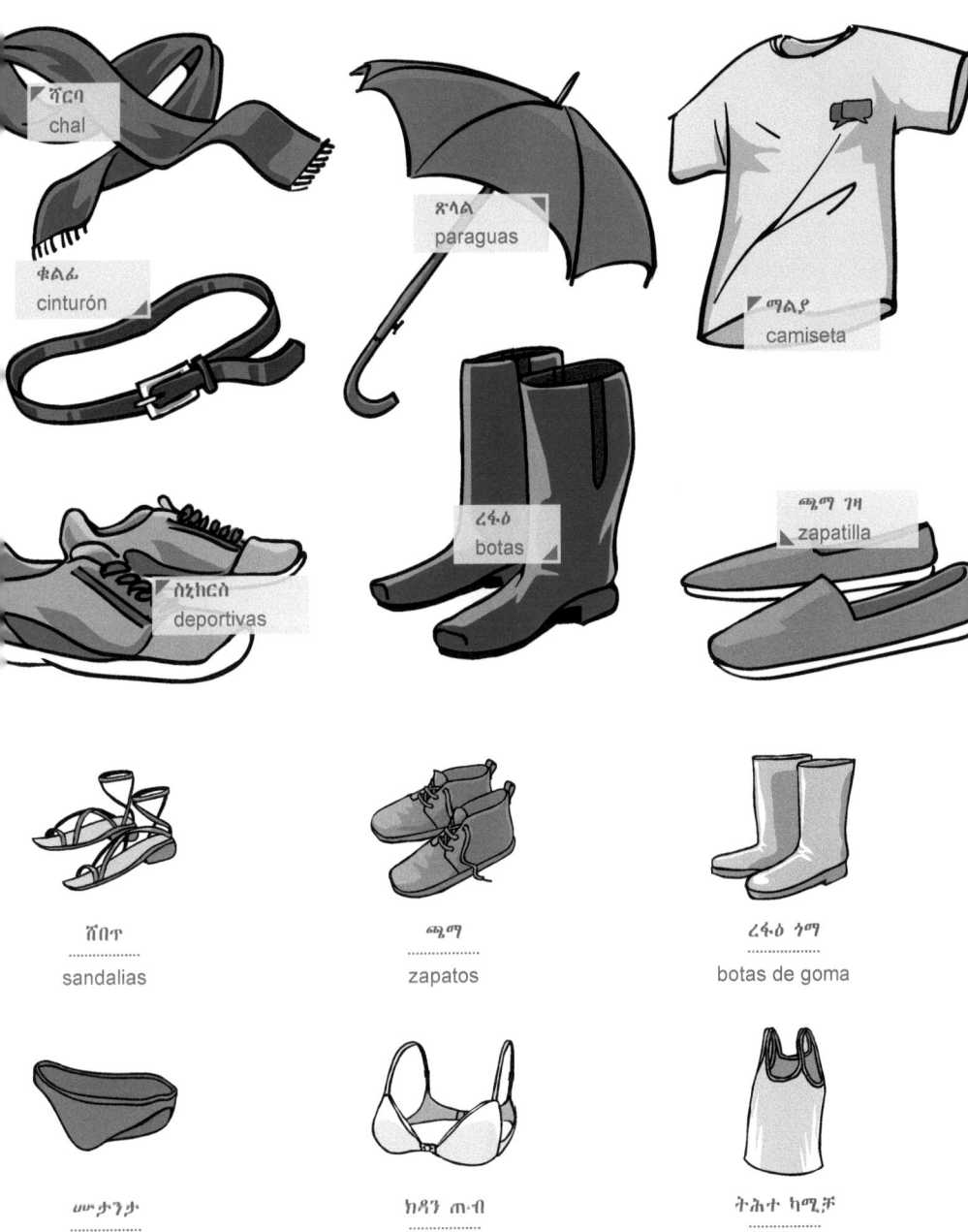

ሻርባ
chal

ጽላል
paraguas

ማልያ
camiseta

ቁልፊ
cinturón

ረፋዕ
botas

ጫማ ገዘ
zapatilla

ስኒከርስ
deportivas

ሻበጥ
sandalias

ጫማ
zapatos

ረፋዕ ጎማ
botas de goma

ሡታንታ
ropa interior

ክዳን ጡብ
corpiño

ትሕተ ካሚቾ
camiseta

ቦዲ
....
body

ስረ
....
pantalón

ጂንስ
....
jeans

ቀምሽ
....
falda

ካምቻ
....
blusa

ካሚቻ
....
camisa

ጉልፎ
....
pullover

ጎልፎ
....
sweater

ጃኬት
....
blazer

ጃከት
....
chaqueta

ጁባ
....
abrigo

ክዳን ዝናብ
....
impermeable

ኮስቱም
....
traje chaqueta

ቀምሽ
....
vestido

ቀምሽ መርዓ
....
vestido de bodas

ልብሲ

traje

ካሚቻ ለይቲ

camisón

ክዳን ለይቲ

pijama

ሳሪ

sari

መሃረብ ርእሲ

pañuelo de cabeza

ቱርባን

turbante

ቡርካ

burka

ካፍታን

caftán

አባያ

abaya

ክዳን መሕምበሲ

traje de baño

ስረ መሕምበሲ

bañador

ሓጺር ስረ

shorts

ክዳን ታዕሊም

chándal

በጃ ክዳን

delantal

ጓንቲ

guante

መልጎም
....
botón

መነጽር
....
gafa

በንናጅር
....
brazalete

ማዕተብ
....
cadena

ቀለበት
....
anillo

ኩትሻ
....
aro

ቆብዕ
....
gorra

መንበሪ ጁባ
....
percha

ባርኔጣ
....
sombrero

ካርራቫት
....
corbata

ሻርኔጣ
....
cierre a cremallera

ህልመት
....
casco

መድልደል ስረ
....
tiradores

ድቢዛ ቤትትምህርቲ
....
uniforme escolar

ድቢዛ
....
uniforme

ሰደርያ ቆልዓ

babero

ዓባስ

chupete

ጨርቂ ማማይ

pañal

ቤት ጽሕፈት
oficina

ሰርቨር
servidor

ከብሒ ሰነድ
archivador

ፕሪንተር
impresora

ወረቐት
papel

ሞኒቶር
monitor

ጣውላ ምጽሓፍ
escritorio

ኣንጭዋ
ratón

ሓጀሬ
carpeta

ኪቦርድ
teclado

ጎሓፍ ወረቐት
cesto de papeles

መንበር
silla

ኮምፒተር
ordenador

ብርጭቆ ቡን

taza de café

ካልኩለተር

calculadora

ኢንተርነት

internet

ለፕቶፕ

laptop

ደብዳበ

carta

መልእኽቲ

mensaje

ሞባይል

teléfono móvil

ነትወርክ/መርበብ

red

መቅድሒ ፎቶኮፒ

fotocopiadora

ሶፍትዌር

software

ተለፎን

teléfono

ሶከት ኣረንቲ

tomacorriente

ፋክስ

máquina de fax

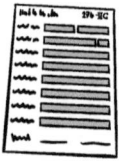

ፎርም

formulario

ሰነድ

documento

ገዝአ

comprar

ከፈለ

pagar

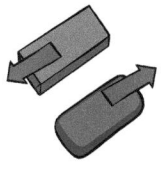

ንግዴ

comerciar

ገንዘብ

dinero

ዶላር

dólar

አይሮ

euro

የን

yen

ሩብል

rublo

ስዊዝ ፍራንከን

franco

ረንሚንቢ ዮዋን

renminbi

ሩፒየ

rupia

መውጽኢ ማሽን ገንዘብ

cajero automático

በታ ቅያር ገንዘብ

casa de cambio

ወርቂ

oro

ብሩር

plata

ዘይቲ

petróleo

ሓይሊ

energía

ዋጋ

precio

ውዕል

contrato

ቀረጽ

impuesto

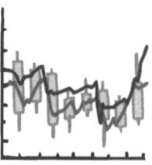

እኩብ ጥሪ-ነገራት

acción

ሰርሐ

trabajar

ሰራሕተኛ

empleado

አስራሒ

empleador

ትካል

fábrica

ዱኳን

negocio

በዓል ፖሊስ
policía

መጠፊኢ ሓዊ
bombero

ከሻኒ
cocinero

ሓኪም
médico

መራሒ ነፋሪት
piloto

ሰራሕተኛ ጀርዲን
....
jardinero

ጸራቢ ዕንጸይቲ
....
carpintero

ሰፋይት
....
costurera

ፈራዳይ
....
juez

ቀማሚ
....
químico

ተዋሳኢ
....
actor

መራሒ አዉቶቡስ

conductor de autobús

አዉቲስታ ታክሲ

taxista

ገፋሊ ዓሳ

pescador

ጸራጊት

mujer de la limpieza

ሃናጻይ ናሕሲ

techista

አሰላሪ

camarero

ሃዳናይ

cazador

ሰኣላይ

pintor

እንዳ ሕብስቲ

panadero

ኤለትሪከኛ

electricista

ሃናጺ አባይቲ

albañil

ሃንዳሲ

ingeniero

ስራሕተኛ እንዳ ስጋ

carnicero

ድራብሊኮ

fontanero

አማላላሲ ፖስጣ

cartero

ወተሃደር
soldado

መሃንድስ
arquitecto

ተሓዝ ገንዘብ
cajero

ሰራሕተኛ ዕምባባ
florista

ቀምቃማይ
peluquero

ፈተሪኖ
cobrador

መካኒክ
mecánico

መራሒ መርከብ
capitán

ሓኪም ስኒ
odontólogo

ተመራማሪ
científico

ራቢ
rabino

ኢማም
imam

ፈላሲ
monje

ቀሺ
párroco

herramientas

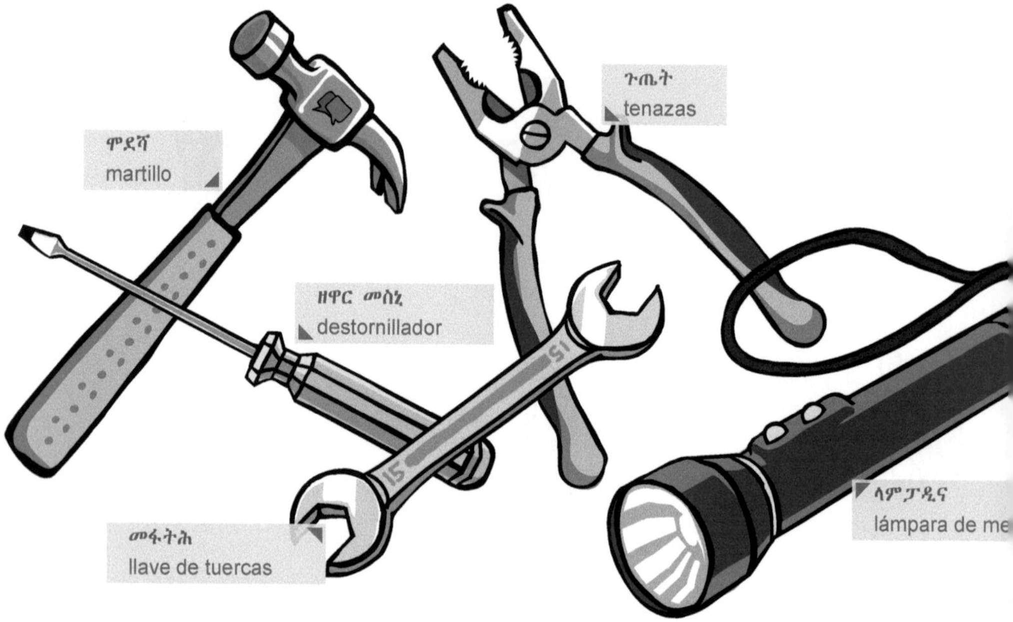

ሞደሻ
martillo

ጉጤት
tenazas

ዘዋር መስኒ
destornillador

መፋትሕ
llave de tuercas

ላምፓዲና
lámpara de me

ፌሓሪ
excavadora

ናውቲ ቦክስ
caja de herramientas

መደያይቦ
escalerilla

መጋዝ
serrucho

መስማር
clavos

ኮዓቲ
taladro

ምዕራይ
reparar

ባደላ
pala

አይ!
¡Maldición!

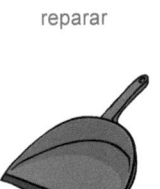

መትሓዚ ዶሮና
recogedor

ድስቲ ቀለም
lata de pintura

ካቻቢተ
tornillos

መሳርሒ ሙዚቃ
instrumentos musicales

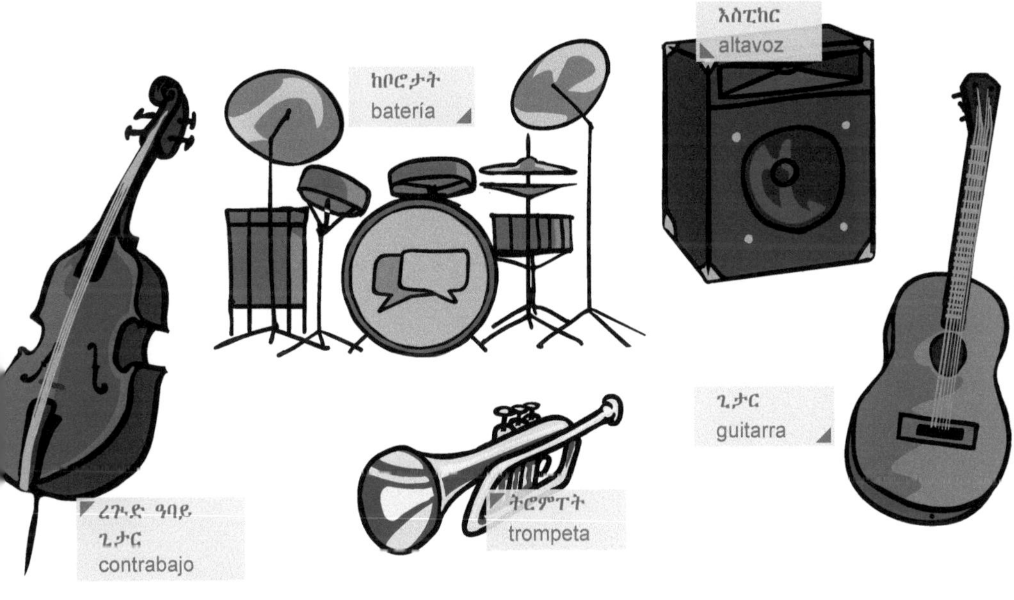

ከበሮታት
batería

እስፒከር
altavoz

ጊታር
guitarra

ረጕድ ዓባይ
ጊታር
contrabajo

ትሮምፐት
trompeta

ፒያኖ

piano

ቪዮሊን

violín

ባስ ጊታር

bajo

ቲምንኢ

timbales

ከበሮ

tambor

ኦርጋን

teclado

ሳክሶን

saxofón

ሻምብቆ

flauta

ሚክሮፎን

micrófono

መሳርሒ ሙዚቃ - instrumentos musicales

መካነ እንስሳታት
zoológico

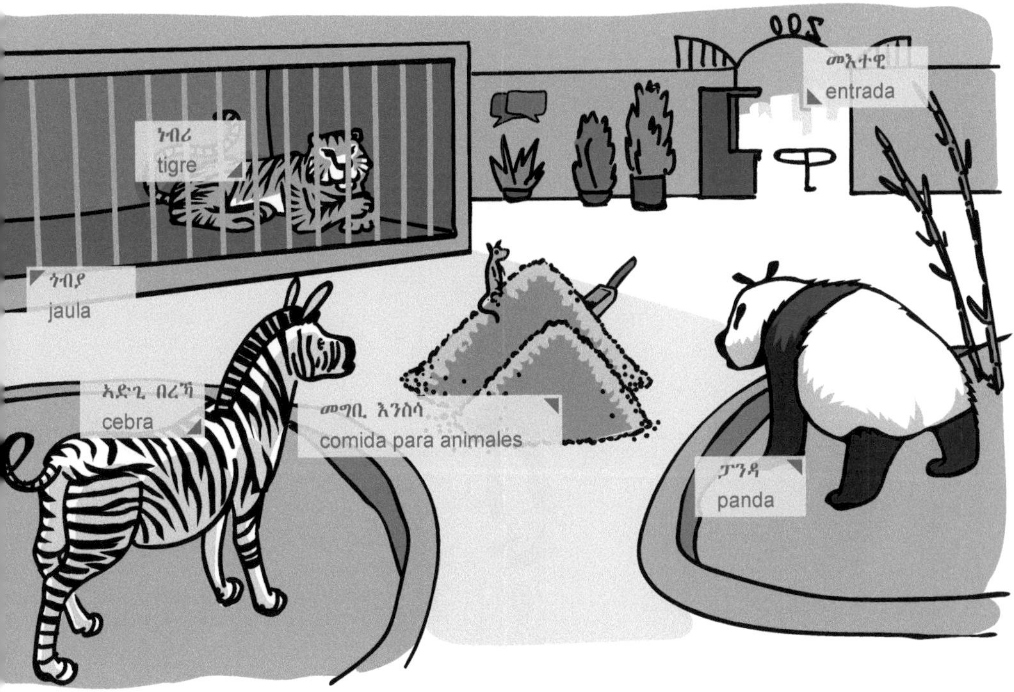
ነብሪ
tigre
ጎብያ
jaula
ኣድጊ በረኻ
cebra
መግቢ እንስሳ
comida para animales
መእተዊ
entrada
ፓንዳ
panda

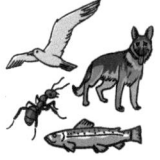

እንስሳታት

animales

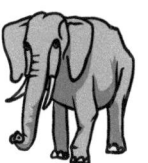

ሓርማዝ

elefante

ካንጋሩ

canguro

ሓሪሽ

rinoceronte

ጉሪላ

gorila

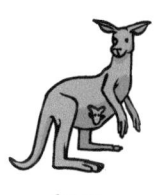

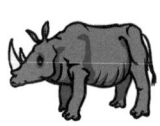

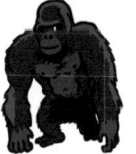

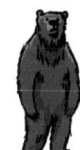

ድቢ

oso

ገመል

camello

ሰገን

avestruz

አንበሳ

león

ህበይ

mono

ፍላሚንጎ

flamengo

ሕንጻይ

papagayo

ድቢ በረድ

oso polar

ፐንጉን

pingüino

ክልቢ ዓሳ

tiburón

ጣዉስ

pavo real

ተመን

serpiente

ሓርገጽ

cocodrilo

ሓላዊ ቤት ገርድሽ

cuidador del zoológico

ዓሳ ዚምገብ እንስሳ ባሕሪ

foca

ጃጓር

jaguar

ሓጺር ፈረስ

pony

ነብሪ

leopardo

ጉማረ

hipopótamo

ጂራፍ

jirafa

ሊላ

águila

መፍለስ

jabalí

ዓሳ

pescado

ጎብየ

tortuga

ዋልሩስ

morsa

ወኻርያ

zorro

ሰስሓ

gacela

ናይ አሜሪካ ኩዕሶ እግሪ
fútbol americano

ምዝዋር ብሽግለታ
ciclismo

ተኒስ
tenis

ባስከትቦል
baloncesto

ምሕምባስ
natación

ቦክሲንግ
boxeo

ሆኪ በረድ
hockey sobre hielo

ኩዕሶ እግሪ
fútbol

ባድሚንቶን
badminton

እስፖርታዊ ንጥፈታት
atletismo

ኩዕሶ ኢድ
balonmano

ስኪ
esquí

ፖሎ
polo

ሰሓቝ
reír

ነጠረ
saltar

ሐቝፉ
abrazar

ከደ
caminar

ደረፉ
cantar

ሓለመ
soñar

ጸለየ
rezar

ሰዓመ
besar

ጸሓፉ
escribir

ሰኣለ
dibujar

ኣርኣየ
mostrar

ደፍአ
presionar

ሃበ
dar

ወሰደ
tomar

አለው

tener

ገበረ

hacer

ኮነ

ser

ጠጠው በለ

estar de pie

ጎየየ

correr

ሰሓበ

tirar

ሰንደወ

arrojar

ወደቐ

caer

ሓሰወ

estar acostado

ተጸበየ

esperar

ሰከም

llevar

ኮፍ በለ

estar sentado

ተኸድነ

vestirse

ደቀሰ

dormir

ተሰአ

despertar

ረኣየ
mirar

በኸየ
llorar

ብኣጻብዑ ደረዘ
acariciar

መሽጠ
peinarse

ተዛረበ
conversar

ተረድኣ
entender

ሓተተ
preguntar

ሰምዐ
oír

ሰተየ
beber

በልዐ
comer

አጽመጠ
asear

አፍቀረ
amar

ከሽነ
cocinar

ዘወረ
conducir

ነፈረ
volar

ብመርክብ ገየሽ
....
navegar

ደመረ
....
calcular

አንበበ
....
leer

ተመሃረ
....
aprender

ሰርሐ
....
trabajar

መርዓወ
....
casarse

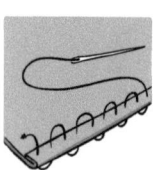

ሰፈየ
....
coser

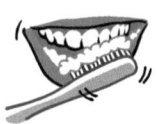

ጽሬት አስናን
....
limpiarse los dientes

ቀተለ
....
matar

ሽጋራ ተከሸ
....
fumar

ሰደደ
....
enviar

ንጥፈታት - actividades

ስድራቤት

familia

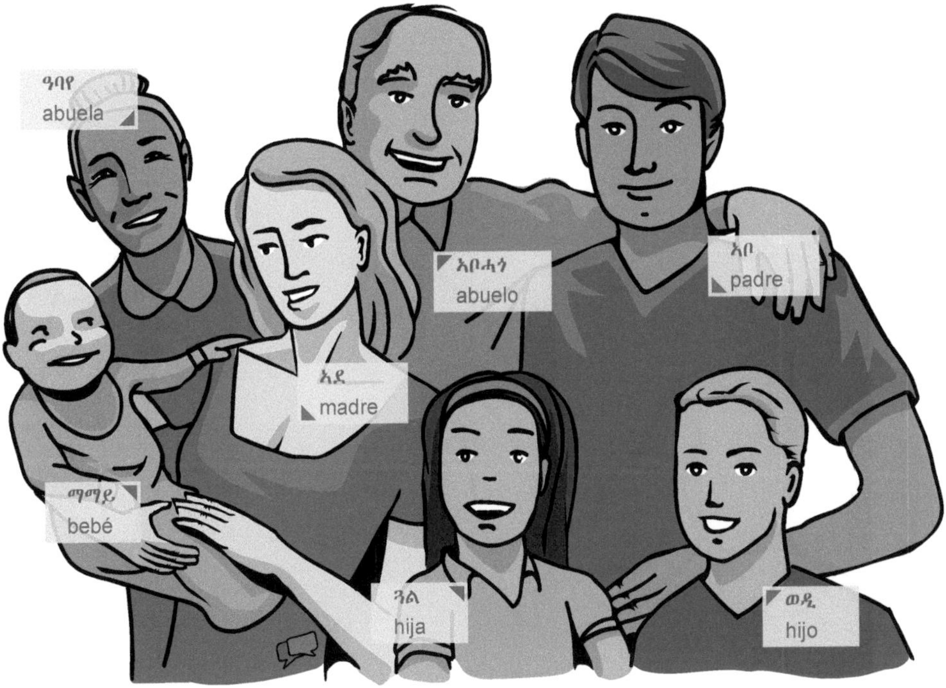

ዓባየ
abuela
ኣቦሓጎ
abuelo
ኣቦ
padre
ኣደ
madre
ማማይ
bebé
ጓል
hija
ወዲ
hijo

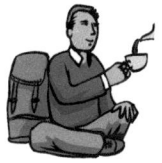

ጋሻ

....

invitado

ሓትኖ

....

tía

ኣኮ

....

tío

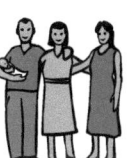

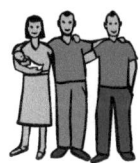

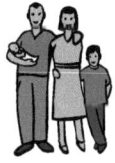

ሓው

....

hermano

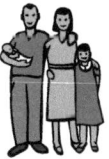

ሓፍቲ

....

hermana

ኣካላት

cuerpo

ግንባር
frente
ዓይኒ
ojo
መንኩብ
hombro
ኣጻብዕ
dedo
ገጽ
cara
መንከስ
barbilla
ኢድ
mano
ሽፋን እግሪ
pierna
ኣፍ-ልቢ
pecho
ምናት
brazo

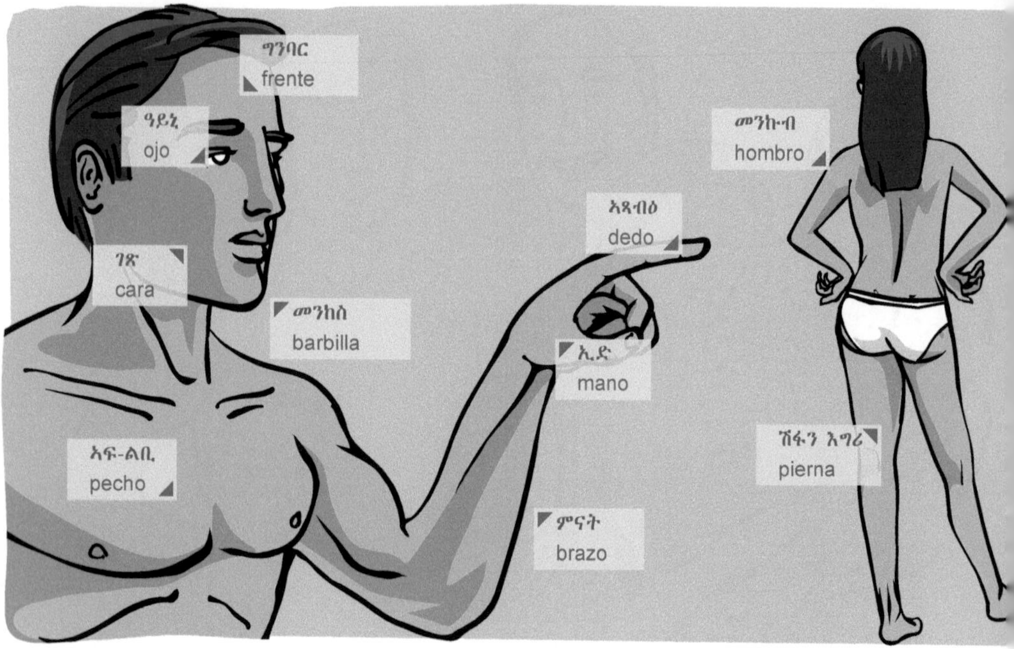

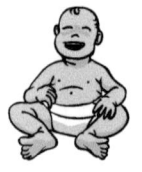

ማማይ

bebé

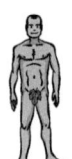

ሰብኣይ

hombre

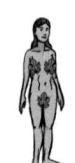

ሰበይቲ

mujer

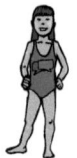

ጓል

muchacha

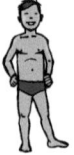

ወዲ

joven

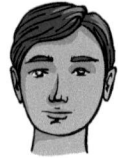

ርእሲ

cabeza

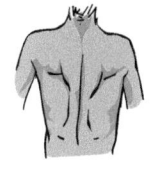

ሕቖ
espalda

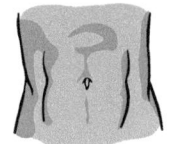

ከስዐ
vientre

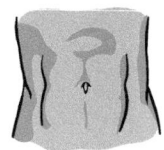

ሕምብርቲ
ombligo

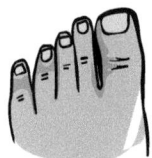

አጻብዕ እግሪ
dedo del pie

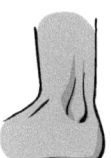

ኩርኹረ
talón

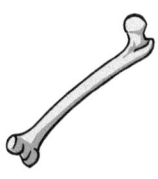

ዓጽሚ
hueso

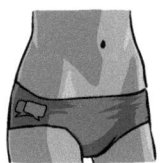

ምሕኩልቲ
cadera

ብርኪ
rodilla

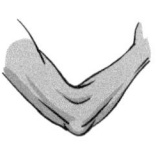

ፍግፍጉ
codo

አፍንጫ
nariz

መዓኮር
trasero

ቆርበት
piel

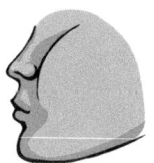

ምዕጉርቲ
mejilla

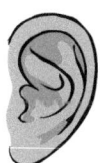

እዝኒ
oreja

ከንፈር
labio

አካላት - cuerpo   69

አፍ
....
boca

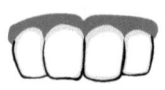

ስኒ
....
diente

መልሓስ
....
lengua

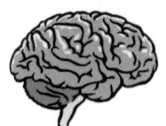

ሓንጎል
....
cerebro

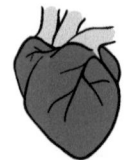

ልቢ
....
corazón

ጭዋዳ
....
músculo

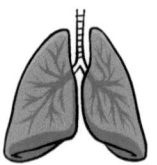

ሳንቡእ
....
pulmón

ጸላም ከብዲ
....
hígado

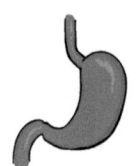

ከብዲ
....
estómago

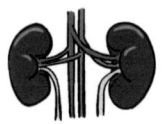

ኮሊት
....
riñones

ግብረ ስጋ
....
relación sexual

ኮንደም
....
condón

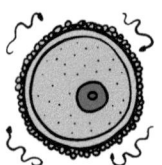

እንቋቝሓ
....
Óvulo

ዘርኢ ተባዕታይ
....
esperma

ጥንሲ
....
embarazo

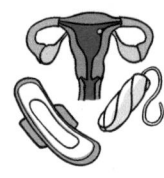

ጽግያት
menstruación

ርሕሚ
vagina

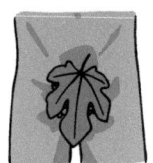

መትሎ
pene

ሽፋሽፍቲ
ceja

ጸጉሪ
cabello

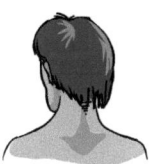

ክሳድ
cuello

ሆስፒታል
hospital

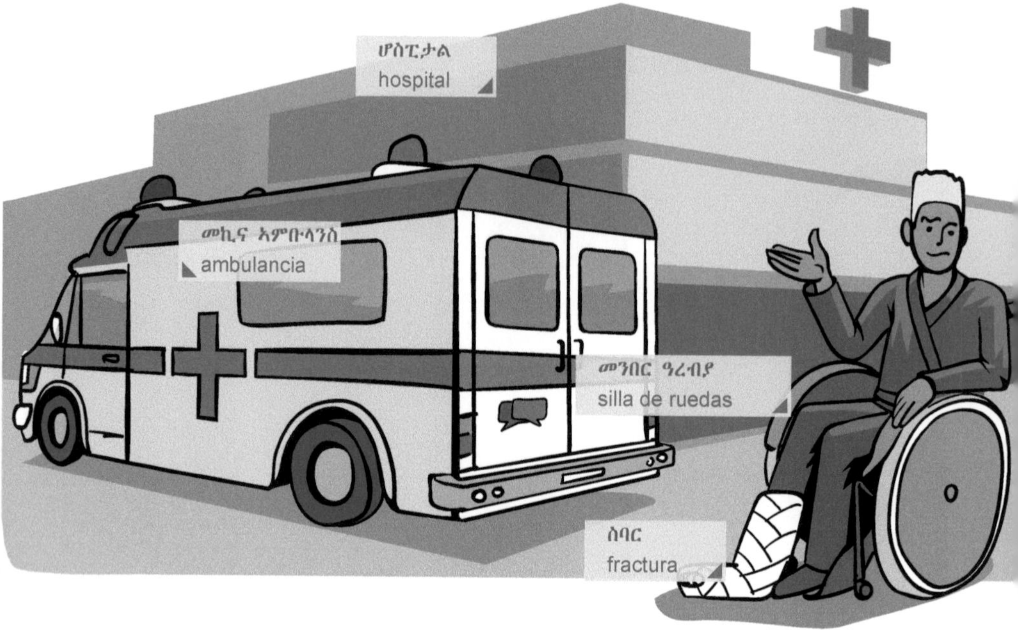

መኪና አምቡላንስ
ambulancia

መንበር ዓረብያ
silla de ruedas

ስባር
fractura

ሓኪም
médico

ክፍሊ ህጹጽ ረድኤት
admisión de urgencia

ኣላይት
enfermera

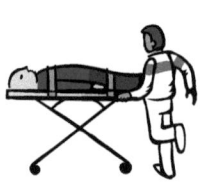

ህጹጽ ኩነት
emergencia

ውነኡ ዘጥፍአ
inconsciente

ቃንዛ
dolor

ጉድኣት

lesión

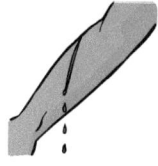

ደም

hemorragia

ማህረምቲ

infarto de miocardio

ማህረምቲ

apoplejía cerebral

ኣለርጂ

alergia

ሰዓል

tos

ረስኒ

fiebre

ኡንፍልወንዛ

gripe

ውጽኣት

diarrea

ቃንዛ ርእሲ

dolor de cabeza

መንሽሮ

cáncer

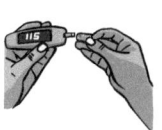

ሹኮርያ

diabetes

ሓኪም መጥባሕቲ

cirujano

መጥብሒ

escalpelo

መጥባሕቲ

operación

CT
TC

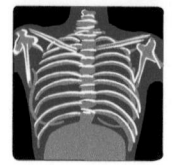

ራጃ
rayos X

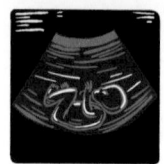

ልዕለ ድምጻዊ
ultrasonido

መሸፈኒ ገጽ
máscara

ሕማም
enfermedad

ክፍሊ ምጽባይ
sala de espera

ምርኩስ
muleta

መጅነኒ ቹስሊ
emplasto

መጅነኒ
vendaje

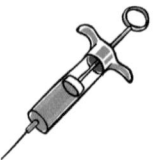

መርፍዕ ምውጋእ
inyección

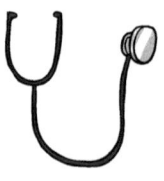

ስተቶስኮፕ
estetoscopio

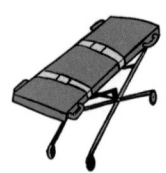

መሰከሚ ሕማም
camilla

ቴርሞመተር
termómetro

ትውልዲ
nacimiento

ልዕለ-ሚዛን
sobrepeso

ሆስፒታል - hospital

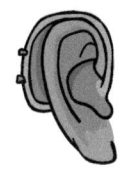

ሓገዝ ምስማዕ

audífono

ኣንጻሂ

desinfectante

ልበዳ

infección

ቫይረስ

virus

ኤድስ

VIH / SIDA

ሕክምና

medicina

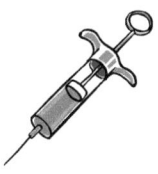

ክታብ

vacunación

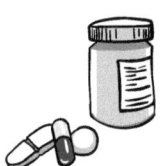

ከኒና

comprimido

ከኒና

píldora anticonceptiva

ህጹጽ ምድዋል

llamada de emergencia

መዕቀኒ ጸቕጢ ደም

medidor de presión arterial

ሕሙም / ጥዑይ

enfermo / saludable

ሓገዝ

¡Ayuda!

ኣላርም

alarma

ምህጃም

asalto

መጥቃዕቲ

ataque

ድንገት

peligro

ህጹድ መውጽኢ

salida de emergencia

ሓዊ!

¡Fuego!

መጥፍኢ ሓዊ

extintor

ሓደጋ

accidente

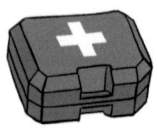

ሳንጣ ቀዳማይ ረድኤት

kit de primeros auxilios

SOS

SOS

ፖሊስ

Policía

ኤውሮጳ

Europa

ሰሜን አሜሪካ

América del Norte

ደቡብ አሜሪካ

América del Sur

አፍሪቃ

África

ኤስያ

Asia

አውስትራልያ

Australia

አትላንቲክ

Atlántico

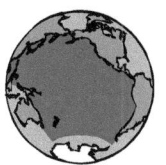

ፓሲፊክ

Pacífico

ህንዳዊ ዉቅያኖስ

Océano Índico

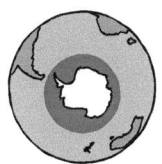

አንታርቲካዊ ዉቅያኖስ

Océano Antártico

አርክቲካዊ ዉቅያኖስ

Océano Ártico

ሰሜናዊ ዋልታ

Polo Norte

ደቡባዊ ዋልታ

Polo Sur

አንታርቲካ

Antártida

ምድሪ

Tierra

መሬት

país

ባሕሪ

mar

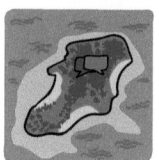

ደሴት

isla

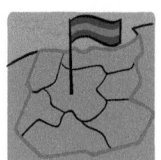

ሃገር

nación

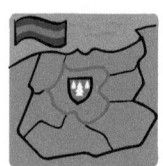

ዓዲ

Estado

ገጽ ሰዓት

cuadrante

አመልካቺ ሰዓታት

horario

አመልካቺ ደቓይቛ

minutero

አመልካቺ ካልኢት

segundero

ሰዓት ክንደይ አሎ?

¿Qué hora es?

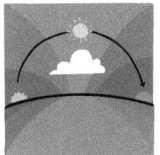

መዓልቺ

día

ግዜ

tiempo

ሕጂ

ahora

ዲጊታል ሰዓት

reloj digital

ደቓይቛ

mInuto

ሰዓት

hora

semana

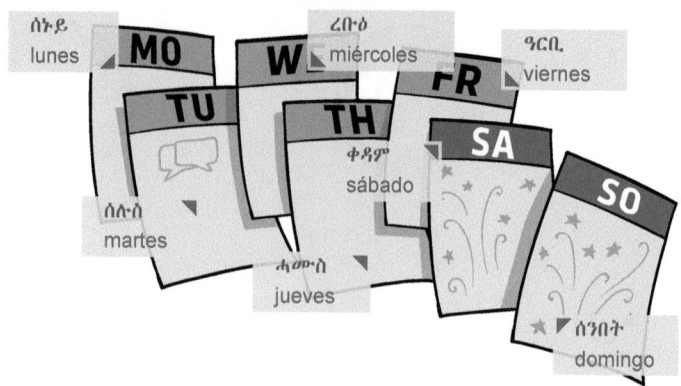

ሰኑይ
lunes

MO

W
ረቡዕ
miércoles

ዓርቢ
viernes

FR

TU

TH
ቀዳም
sábado

SA

ሰሉስ
martes

SO

ሓሙስ
jueves

ሰንበት
domingo

ትማሊ
....
ayer

ሎሚ
....
hoy

ጽባሕ
....
mañana

ንጎሆ
....
mañana

ቀትሪ
....
mediodía

ምሸት
....
tarde

MO	TU	WE	TH	FR	SA	SU
1	2	3	4	5	6	7
8	9	10	11	12	13	14
15	16	17	18	19	20	21
22	23	24	25	26	27	28
29	30	31	1	2	3	4

መዓልታት ስራሕ
....
jornada de trabajo

MO	TU	WE	TH	FR	SA	SU
1	2	3	4	5	6	7
8	9	10	11	12	13	14
15	16	17	18	19	20	21
22	23	24	25	26	27	28
29	30	31	1	2	3	4

መወዳእታ ሰሙን
....
fin de semana

ዓመት

año

ዝናብ
lluvia
ቀስተ-ደመና
arco iris
በረድ
nieve
ንፋስ
viento
ጽድያ
primavera
ቀውዒ
otoño
ሓጋይ
verano
ክረምቲ
invierno

4.APRIL 11°
5.APRIL 4°
6.APRIL 13°
7.APRIL 8°
8.APRIL 10°

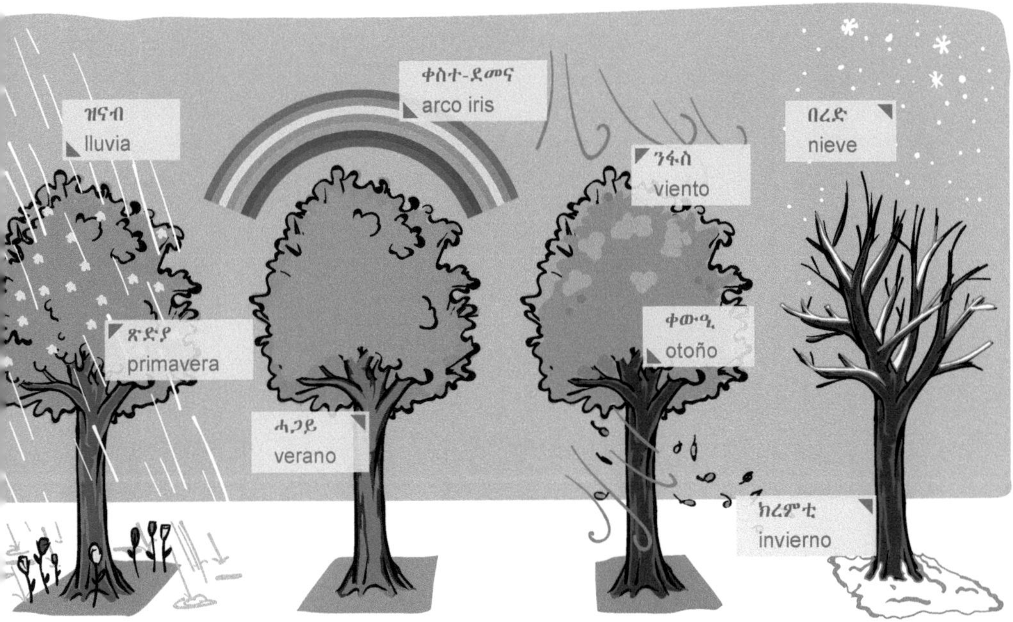

ትንቢት ኩነታት ኣየር

ronóstico meteorológico

F C
120 40
90 30
60 20
30 10
0 0
-30 -10
-20

ቴርሞመተር

termómetro

ብርሃን ጸሓይ

luz solar

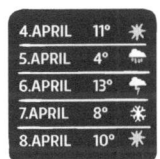

ደበና

nube

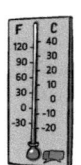

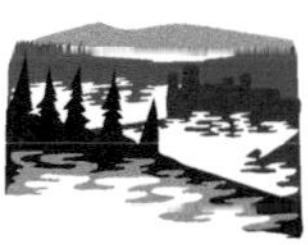

ግመ

niebla

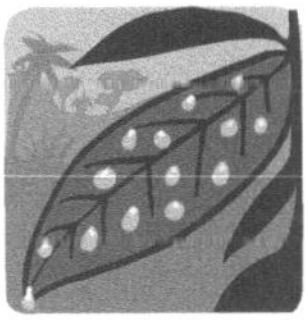

ጠሊ

humedad ambiente

ብርቂ

....

relámpago

ነጐዳ

....

trueno

ህቦብላ

....

tormenta

በረድ

....

granizo

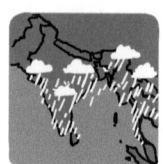

ብርቱዕ ህቦብላ

....

monzón

ውሕጅ

....

inundación

በረድ

....

hielo

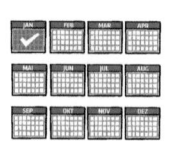

ጥሪ

....

enero

ለካቲት

....

febrero

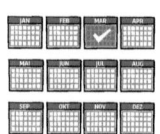

መጋቢት

....

marzo

ሚያዝያ

....

abril

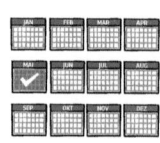

ጉንበት

....

mayo

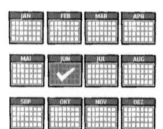

ሰነ

....

junio

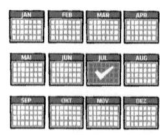

ሓምለ

....

julio

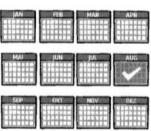

ነሓሰ

....

agosto

ዓመት - año

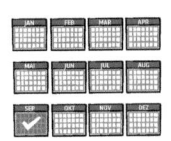

መስከረም
....
septiembre

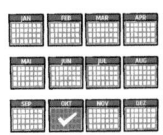

ጥቅምቲ
....
octubre

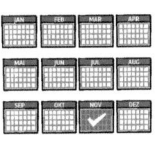

ሕዳር
....
noviembre

ታሕሳስ
....
diciembre

ቅርጻታት
formas

ዙርያ
....
círculo

ትርብዒት
....
cuadrado

ቅኑዕ ርቡዕ ኩርናዕ
....
rectángulo

ስሉስ ኩርናዕ
....
triángulo

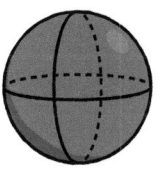

ክቢ
....
esfera

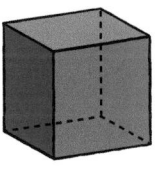

ኩቦ
....
cubo

ጸዕዳ

blanco

ብጫ

amarillo

ኣራንሺ

anaranjado

ፒንክ

rosa

ቀይሕ

rojo

ጆኽ

lila

ሰማያዊ

azul

ቀጠልያ

verde

ቡናዊ

marrón

ሓሙኽሽታይ

gris

ጸሊም

negro

ብዙሕ / ውሑድ

mucho / poco

ሕሩቕ / ሰላማዊ

enojado / calmado

ጽቡቕ / ክፉእ

bonito / feo

መጀመርያ / መወዳእታ

comienzo / fin

ዓቢ / ንእሽቶ

grande / pequeño

ብሩህ / ጸልማት

claro / oscuro

ሓው / ሓፍት

hermano / hermana

ጽሩይ / ርሳሕ

limpio / sucio

ምሉእ / ዘይምሉእ

completo / incompleto

መዓልቲ / ለይቲ

día / noche

ሙዉት / ህልው

muerto / vivo

ሰፊሕ / ጸቢብ

ancho / angosto

ደስ ዘበል / ደስ ዘይብል

disfrutable / no disfrutable

እኩይ / ህያዋይ

malo / amigable

ርቡጽ / ስልኩይ

excitado / aburrido

ረጊድ / ቀጢን

gordo / delgado

ቀዳማይ / ናይ መወዳእታ

primero / último

ዓርኪ / ጸላኢ

amigo / enemigo

ምሉእ / ባዶ

lleno / vacío

ተሪር / ልስሉስ

duro / suave

ከቢድ / ፈኩስ

pesado / liviano

ጥምየት / ጽምየት

hambre / sed

ሕሙም / ጥዑይ

enfermo / saludable

ዘይሕጋዊ / ሕጋዊ

ilegal / legal

መስተውዓሊ / ስዲ

inteligente / tonto

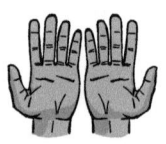

ጸጋም / የማን

izquierda / derecha

ቐረባ / ርሑቕ

cercano / lejano

ሓዲሽ / ብሉይ

nuevo / usado

ዋላ ሓደ / ገለ

nada / algo

ዓቢ/ኣረጊት / መንእሰይ

viejo / joven

ወልዕ / ኣጥፍእ

encendido / apagado

ክፉት / ዕጹው

abierto / cerrado

ህዱእ / ዓው

bajo / fuerte

ሃብታም / ድኻ

rico / pobre

ቅኑዕ / ግጉይ

correcto / incorrecto

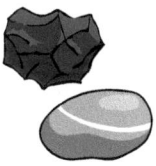

ሓርፋፍ / ልሙጽ

áspero / liso

ጉሁይ / ሕጉስ

triste / alegre

ሓጺር / ነዊሕ

breve / extenso

ቀስ / ቅልጡፍ

lento / veloz

ጥሉል / ንቑጽ

mojado / seco

ምዉቕ / ዝሑል

caliente / frío

ውግእ / ሰላም

guerra / paz

0	**1**	**2**
ዜሮ	ሓደ	ክልተ
cero	uno	dos
3	**4**	**5**
ሰለስተ	ኣርባዕተ	ሓሙሽተ
tres	cuatro	cinco
6	**7**	**8**
ሽዱሽተ	ሸውዓተ	ሸሞንተ
seis	siete	ocho
9	**10**	**11**
ትሽዓተ	ዓሰርተ	ዓሰርተ ሓደ
nueve	diez	once

12

ዓሰርተ ክልተ

doce

13

ዓሰርተ ሰለስተ

trece

14

ዓሰርተ ኣርባዕተ

catorce

15

ዓሰርተ ሓሙሽተ

quince

16

ዓሰርተ ሽዱሽተ

dieciséis

17

ዓሰርተ ሽውዓተ

diecisiete

18

ዓሰርተ ሸሞንተ

dieciocho

19

ዓሰርተ ትሽዓተ

diecinueve

20

ዕስራ

veinte

100

ሚእቲ

cien

1.000

ሽሕ

mil

1.000.000

ሚልዮን

millón

እንግሊዝኛ

inglés

አመሪካዊ እንግሊዛዊ

inglés estadounidense

ቻይናዊ ማንዳሪን

chino mandarín

ሂንዳዊ

hindi

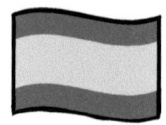

እስጳኛዊ

español

ፈረንሳዊ

francés

ዓረባዊ

árabe

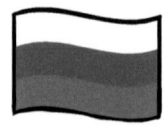

ሩሲያዊ

ruso

ፖርቱጋላዊ

portugués

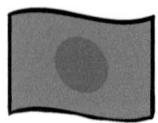

በንጋሊ

bengalí

ጀርመናዊ

alemán

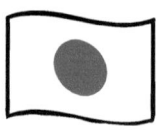

ጃፓናዊ

japonés

ኣነ

yo

ንስኻ/ኺ

tú

ንሱ / ንሳ / ንሱ

él / ella

ንሕና

nosotros

ንስኻ

vosotros

ንሳቶም

ellos

መን?

¿quién?

እንታይ?

¿qué?

ከመይ?

¿cómo?

ኣበይ?

¿dónde?

መዓስ?

¿cuándo?

ሽም

nombre

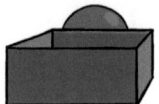

ድሕሪ

detrás

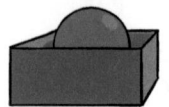

ኣብ

en

ኣብ ቅድሚ

delante de

ኣብ ላዕሊ

encima de

ኣብ ልዕሊ

sobre

ትሕቲ ምድሪ

debajo de

ኣብ ጥቓ

junto a

ኣብ መንጎ

entre

በታ

lugar